Willi Garth (Texte) · Werner Otto (Fotos)

Dortmund

deutsch english français

Wartberg Verlag

Bildnachweis:
Alle Bilder von Werner Otto.

Übersetzungen:
Allan Dorr (engl.)
Jayrome C. Robinet (franz.)

1. Auflage 2012

Layout: Christiane Zay, Bielefeld
Satz: Schneider Professionell Design, Schlüchtern-Elm
Druck: Bernecker Media Ware AG, Melsungen
Buchbinderische Verarbeitung: Büge, Celle

34281 Gudensberg-Gleichen, Im Wiesental 1
Telefon: 0 56 03 - 9 30 50
www.wartberg-verlag.de
ISBN 978-3-8313-2493-4

Vorwort

Wer das Kriegsende als Kind bewusst erlebt hat – heulende Sirenen, jaulende Bomber, Explosionen und brennende Häuser – bei dem sind diese Erinnerungen unauslöschlich in die Seele eingebrannt. Als ich nach Kriegsende mit den Eltern aus unserem Vorort in die Innenstadt kam und nur Ruinen, leere Fensterhöhlen und Trümmerhaufen sah, konnte ich das noch nicht verarbeiten. Akrobaten hatten ein Seil vom Torso des Reinoldíturms zu einer anderen Ruine gespannt und balancierten darauf über unseren Köpfen, nach dem Motto: „Hurra, wir leben noch!“ Zu Hause musste ich mit dem Vater in eine Ruine klettern. Vater machte an einer Wand ein Seil fest. Gemeinsam brachten wir einige Gebäudeteile zum Einsturz. Mit Hammer und Meißel pickten wir die Steine sauber. So begann unser Wiederaufbau. Wenn ich heute zurückdenke und die Jahrzehnte Revue passieren lasse, kann ich kaum glauben, was aus unserer Stadt geworden ist.
Mit dem Wirtschaftswunder begann der massive Aufbau. Zechen und Stahlwerke sorgten für Arbeit und Brot und verpesteten die Luft. Verrußte Häuser und qualmende Schlote geistern noch immer in den Köpfen mancher Menschen herum, wenn sie an das Ruhrgebiet denken. Die Wirklichkeit ist anders! Schon 1987 schloss die letzte Dortmunder Kohlenzeche. Die Stahlindustrie hatte einen längeren Atem. Hier gingen 2001 die Lichter aus.
Schon früh begann man damit, die grüne Seite der Stadt herauszustellen und Dortmund zu einer der grünsten Industriestädte zu gestalten. Der „Grüne Kreis“ verbreitete den Slogan: „Auf jeden freien Raum pflanze einen Baum!“ Der Kreis stiftete unzählige Bäume und veranstaltete sehr erfolgreich Balkon- und Vorgartenwettbewerbe. Die Stadt plante eine durchgehende Grünverbindung vom Stadthaus durch das Stadewäldchen, den Westfalenpark und den Rombergpark bis nach Hohensyburg. Gärten, Wälder und Parks addierte man auf die Gesamtsumme von 49 % Grün. Bis 1991 wanderten jährlich 200 000 Menschen bei den 49%-Wanderungen durch Dortmunds Grün. Heute zählt die Stadt zu den grünsten Großstädten Europas.
Der Wandel vom Industriestandort zum Zentrum für Hochtechnologie eröffnet die Möglichkeit, auf alten Brachen neue Erholungsmöglichkeiten zu schaffen. Über diese facettenreiche Stadt, in der heute Wirtschaft, Wissenschaft, Kultur und Sport einen hohen Stellenwert einnehmen, einen repräsentativen Querschnitt an Fotos zu erstellen, war keine leichte Aufgabe. Schließlich befindet sich die Stadt immer noch in einem atemberaubenden Wandel. Das beweisen eindrucksvoll unter anderem die Entwicklungen im Stadtteil Hörde rund um den neuen Phoenix-See und auf Phoenix-West.

Willi Garth

„So fast as Düörpm“ – So fest wie Dortmund

Über Generationen ist der Spruch „So fast as Düörpm“ (auch Doerpm) für die Dortmunder der Inbegriff für ein starkes, standhaftes Dortmund. Entstanden ist er während der großen Dortmunder Fehde, als die Stadt in den Jahren 1388/89 21 Monate lang einer feindlichen Belagerung standhielt.

Die wechselvolle Stadtgeschichte lässt sich nur in Ausschnitten wiedergeben. Zu umfangreich sind die dokumentierten Höhen und Tiefen der Freien Reichs- und Hansestadt. Die Anfänge Dortmunds liegen in der Zeit um 800. Damals siedelten sich am Kreuzungspunkt des frühmittelalterlichen Hellwegs mit einer Nord-Süd-Verbindung von Köln in das norddeutsche Gebiet Menschen an. Der erste schriftliche Beleg ist ein Güterverzeichnis des Klosters Werden von 880 bis 884.

Kriegswirren und Brände setzten der Stadt immer wieder zu. Der Brand von 1232 wütete besonders grausam. Fast die ganze Stadt wurde zerstört. Weil auch die Urkunde mit den Stadtprivilegien ein Raub der Flammen geworden war, erneuerte der staufische Kaiser Friedrich II. im Jahre 1236 diese Rechte. Schon 1266 wurde in Dortmund das Bierbrauen schriftlich erwähnt. Von 1296 stammte ein durch König Adolf von Nassau ausgestelltes Brauprivileg. Bier wurde in der Folgezeit zu einem mächtigen Wirtschaftsfaktor.

Im 14. Jahrhundert entwickelte sich die Reichsstadt Dortmund zu einer der wichtigsten Hansestädte. Stolz erinnern die Dortmunder immer wieder gern daran, dass sie sogar einmal die englische Krone als Pfand besaßen. Im Hundertjährigen Krieg (1339–1453) unterstützen die Dortmunder Hansekaufleute England. Das führte dazu, dass König Eduard III. von England 1343 die Große Königskrone an die Dortmunder Kaufleute Tidemann Lemberg und Genossen verpfänden musste, bis er sie 1344 wieder auslösen konnte.

Das von mächtigen Mauern und Stadttoren geschützte Dortmund war den Grafen von der Mark oft ein Dorn im Auge. Die bedeutende Reichsstadt lag schließlich innerhalb ihres Territoriums. Ein bemerkenswertes Ereignis geht in diesem Zusammenhang auf Agnes von der Vierbecke, ihren Sohn Arnd Sundermann und Konrad, den Sohn des Grafen von Dortmund, zurück. Die in Dortmund lebende Agnes wollte am 4. Oktober 1378 unter Wagenladungen von Heu und Holz bewaffnete Märker in die Stadt schleusen, um die Stadt einzunehmen. Der Plan misslang. Die Verräterin Agnes wurde auf einem Wagen öffentlich verbrannt, ihr Sohn und der Graf wurden enthauptet.

Mit etwa 8000 Einwohnern zählte Dortmund im 14. Jahrhundert zu den großen Städten Mitteleuropas. Schlimm wütete der Dreißigjährige Krieg. 1650 war die Bevölkerung auf ein Drittel gegenüber der Vorkriegszeit geschrumpft. Es dauerte bis Anfang des 19. Jahrhunderts, bis sich die Bevölkerungszahl erholt hatte. Während des Dreißigjährigen Krieges und auch danach konnte Dortmund dennoch als einzige Stadt Westfalens den Status der Reichsstadt bewahren.

Die einsetzende Industrialisierung hinterließ bis heute deutliche Spuren. Friedrich Wilhelm Harkort machte mit dem Bau eines Eisenwerks in Hombruch den Anfang. Hochöfen hatte er nicht, auch war dem Werk kein nachhaltiger Erfolg beschieden. Anders bei Hermann Diedrich Piepenstock: Der kaufte 1840 die Hörder Burg und 22 Morgen Land und errichtete dort ein Puddel- und Walzwerk. Hier war die eigentliche Wiege der Stahlindustrie im Raum Dortmund. Erst 1871 gründete Leopold Hoesch das gleichnamige Stahlwerk in Dortmund. Die großen Kohlevorkommen waren ein Grund für die Ansiedlungen.

Dortmund wurde Kreuzungspunkt wichtiger Bahnstrecken, denen für die Transporte in Bergbau und Industrie große Bedeutung zukam. Ein Großprojekt war der Bau des Dortmund-Ems-Kanals, der die Stadt an die Weltmeere anschließen sollte. Der erste Spatenstich zum Dortmunder Hafen erfolgte am 9. Oktober 1895. Am 11. August 1899 folgte die feierliche Einweihung durch Kaiser Wilhelm II. Heute besitzt Dortmund den größten Kanalhafen Europas mit rund 2,5 Millionen Tonnen Umschlag jährlich.

Mangelnde Erwerbsmöglichkeiten in ländlichen Gegenden bewirkten eine Landflucht in die In-

Das Relief mit dem historischen Stadtspruch befindet sich an der Fassade des alten Stadthauses am Friedensplatz.

dustriestädte. Hier reichten die Wohnungen bald nicht mehr aus. Teils unzumutbare Wohnverhältnisse bewirkten Ende des 19. Jahrhunderts einen Boom an Miethausbauten und Siedlungen. Die ungewohnte Hitze, der Lärm und der Staub in den Betrieben machten die Arbeiter durstig. Kohlenstaub und hohe Temperaturen in den Bergwerken hatten die gleiche Wirkung. Davon profitierten die expandierenden Brauereien. Dortmund wurde zu einem weltbekannten Braustandort. Einen hohen Bekanntheitsgrad erreichte Dortmund auch durch Stahlbaufirmen wie Klönne, Jucho und andere, die mit ihren teils spektakulären Brücken- und Stahlbaukonstruktionen Weltruhm erlangten.

Der Zweite Weltkrieg setzte der Stadt unvorstellbar grausam zu. Der Innenstadtkern wurde zu 95 % zerstört, die angrenzenden Bereiche zu 70 %. Und wieder verfielen die Bürger entsprechend ihrem Wahlspruch „So fast as Düörpm“ nicht in Resignation. Die Trümmer wurden beseitigt und teils für den Wiederaufbau verwendet. Es ging ständig aufwärts. Das Wirtschaftswunder erlebte aber auch Rückschläge, als in Zeiten der Bergbaukrise 1987 die letzte Zeche schließen musste.

Die Dortmunder Stahlunternehmen hatten sich 1966 zusammengeschlossen und es unter dem Namen Hoesch zu weltweiter Anerkennung gebracht. Durch die 1997 erfolgte Fusion mit Thyssen verschwand schließlich der Traditionsname Hoesch aus dem Firmenlogo. Ein Jahr später erfolgte die Stilllegung des letzten und größten Hörder Hochofens, der nun in der Nähe von Peking produziert.

2001 kam das endgültige Aus für die Dortmunder Stahlproduktion. Am 28. April wurde im Hörder Oxygenstahlwerk die letzte Charge erblasen. Einen Tag zuvor war die letzte Schmelze im Hochofen der Westfalenhütte erfolgt. In Hörde endete eine 160-jährige Stahlepoche. Die Anlagen wurden nach China verkauft und arbeiten dort wieder in der Nähe von Shanghai.

Als Stadtplaner auf dem Stahlwerksgelände einen See anlegen wollten, ernteten sie ungläubiges Kopfschütteln. Im Oktober 2010 konnte der fertige Phoenix-See an der restaurierten Hörder Burg tatsächlich der Öffentlichkeit übergeben werden. Auf 96 Hektar Stahlwerksfläche wurde eine 24 Hektar große Seefläche angelegt. Im Umfeld entstehen jetzt zahlreiche Privat-, Miet- und Bürohäuser.

Auf dem Gelände des Hochofenwerks, heute Phoenix-West genannt, warten restaurierte historische Industriebauten, darunter ein kompletter Hochofen, ein Gasometer, ein Viadukt und mehrere Hallen, auf eine neue Nutzung. Ein Technologie orientierter Gewerbepark entwickelt sich im Umfeld. Weitläufige Grünanlagen, der Phoenix-Park, umgeben bereits die bestehenden Anlagen. Dieser Park wird Bindeglied zwischen Westfalenpark und Rombergpark. Die massive Umstrukturierung verändert die Stadt nachhaltig.

Heute leben in Dortmund auf einer Fläche von 280,4 km^2 etwa 580 000 Einwohner. Zur Universität, heute Technische Universität, wurde 1966 der Grundstein gelegt. In 16 Fakultäten studieren hier 27 000 Menschen. Im Jahre 2010 hatte der Dortmunder Airport 31.152 Flugbewegungen mit 1 750 000 Fluggästen. Beim Fremdenverkehr ist eine stetige Zunahme zu verzeichnen.

▶ Blick vom Fernsehturm auf die Innenstadt.

▶ View of the city centre from television tower.

▶ Vue de la tour de télévision sur le centre-ville.

Vom Bahnhof um den Wallring

Hauptbahnhof

Der Dortmunder Hauptbahnhof zählt heute im Personenverkehr zu Deutschlands bedeutendsten Eisenbahnknotenpunkten. Der erste Bahnhof wurde mit dem Bau der Köln-Mindener Bahn 1847 eröffnet. Mit der Bergisch-Märkischen Bahn besaß Dortmund als erste Stadt Westfalens ab 1849 zwei bedeutende Strecken. Mehrere futuristische Entwürfe für einen Neubau kamen bisher nicht zur Ausführung.

Today Dortmund's main station (Hauptbahnhof) is one of the most important passenger rail hubs in Germany. In 1847, the first train station was opened upon completion of the Cologne-Minden Railway. Then in 1849, with the Bergisch-Märkischen Railway, Dortmund was the first city in Westfalia to be on two important railway lines. A variety of new and futuristic designs have been suggested, but none have yet to come to fruition.

La gare centrale de Dortmund compte aujourd'hui parmi les nœuds ferroviaires les plus importants d'Allemagne dans le domaine du transport de voyageurs. C'est en 1847 que la première gare fut inaugurée avec la construction de la ligne Cologne-Mindener. Deux ans plus tard, Dortmund fut la première ville de Westphalie à posséder deux lignes importantes grâce à la compagnie Bergisch-Märkische. Plusieurs projets futuristes pour la construction d'un nouveau bâtiment n'ont jusqu'à présent pas encore pu être réalisés.

Harenberg City-Center

Das 70 Meter hohe Harenberg City-Center eröffnete 1994. Nach der an der Frontseite spitz zulaufenden Fassade wird das Gebäude „Tortenstück" genannt. Auf der Rückseite liegt der Skulpturenpark.

The 70 meter high Harenberg City-Center opened in 1994. The building is named "Pie-piece" (Tortenstück) because of its pointed facade. On the rear side is the sculpture park.

Le Harenberg City-Center mesure 70 mètres et fut inauguré en 1994. Le bâtiment a reçu le surnom de « part de gâteau » en référence à sa façade dont le frontispice se termine en pointe. Derrière se trouve le parc de sculptures.

Dortmunder U

Das „Dortmunder U" wurde von 1926 bis 1927 als Gär- und Lagerhochhaus der Dortmunder Union-Brauerei erbaut. Seit 1968 krönt ein neun Meter hohes vergoldetes U das heute unter Denkmalschutz stehende Gebäude. Als Teil des Kulturhauptstadtjahres Ruhr 2010 wurde es am 28.10. 2010 eröffnet. Die wechselnde Videoinstallation „Fliegende Bilder" von Adolf Winkelmann an der Dachkrone ist eine weithin sichtbare Attraktion.

The "Dortmund U" was built as a brewery and high-rise storehouse by the Dortmund Union Brewery from 1926-1927. Since 1968, a nine meter high golden U crowns the building, which is today an historically protected monument. In celebration of the European Capital of Culture, Ruhr.2010, it was opened on October 28, 2010. Adolf Winkelmann's alternating video installation "Flying Pictures", an LED illumination at the top is visible from all around.

La Tour U de Dortmund, surnommée en allemand « Dortmunder U », fut construite entre 1926 et 1927. A l'époque, elle servait d'immeuble d'entrepôts et de lieu de fermentation pour la brasserie locale Union. Depuis 1968 un U doré mesurant neuf mètres couronne le bâtiment classé au patrimoine historique. Le « Dortmunder U » fut inauguré le 28 octobre 2010 dans le cadre de la Capitale européenne de la culture Ruhr 2010. « Images Volantes », l'installation vidéo tournante d'Adolf Winkelmann, se trouve au sommet et attire le regard de loin.

Museum Ostwall

Am Ostwall wurde 1947 das gleichnamige Museum mit dem Schwerpunkt auf moderne und zeitgenössische Kunst gegründet. Es ist inzwischen in das Dortmunder U umgezogen.

"Am Ostwall" was founded in 1947 along with the museum of the same name. It's emphasis was modern and contemporary art. It has since moved to the Dortmund U.

En 1947 fut inauguré sur le Ostwall, le périphérique Est, un musée éponyme consacré à l'art moderne et contemporain. A présent, il a pris ses quartiers dans la Tour U de Dortmund.

Restaurant View

Unter der Kuppel des U wurde im siebten Stockwerk ein architektonisch anspruchsvoller Raum von 15 Metern Höhe ausgebaut, der tagsüber als Restaurant und abends als Club genutzt werden kann.

Below the cupola of the U, in the seventh floor, an architecturally ambitious room was added; one with impressive 15 meter high ceilings. It's used as a restaurant during the day and a club at night.

Sous la coupole de la Tour U, on trouve au septième étage un espace à l'architecture élégante et à la hauteur de plafond de 15 mètres. En journée, cet espace sert de restaurant et le soir, de club.

Liebfrauenkirche

Die von 1881 bis 1883 erbaute Liebfrauenkirche erfuhr 2010 eine Nutzungsänderung. Sie wurde zur ersten Grabeskirche im Ruhrgebiet umgestaltet und ist jetzt eine beliebte Grabstätte für Urnenbeisetzungen.

Built between 1881 and 1883, the Liebfrauen Church experienced a change of use. It was redesigned as the first burial church in the Ruhr area and has become a popular place for urn funerals.

L'église Liebfrauen, construite entre 1881 et 1883, connut un changement d'usage en 2010. Elle fut d'abord transformée en église du Saint-Sépulcre, la première dans le bassin de la Ruhr, et sert à présent de lieu de sépulture prisé pour y déposer les cendres funéraires.

Schauspielhaus

Sechs Bronzeobjekte quellen geradezu aus der Granitfassade des Schauspielhauses heraus. „Szenario“ nannte Bernd Altenstein seinen Entwurf von 1986.

Six bronze objects are practically popping out of the theatre’s granite facade. “Szenario” is what Bernd Altenstein called his piece from 1986.

Six sculptures en bronze jaillissent littéralement de la façade en granit du théâtre. « Szenario », c’est ainsi que Bernd Altenstein a intitulé son projet datant de 1986.

Opernhaus

Schauspielhaus und Opernhaus entstanden am Hiltropwall zwischen 1958 und 1966 als Gesamtkomplex. 1160 Besucher finden unter der markanten Kuppel des Opernhauses Platz.

Between 1958 and 1966, theatre and Opera House were erected at Hiltropwall to be used as a comprehensive complex. 1160 visitors fit beneath the marvelous dome of the Opera House’s plaza.

Le théâtre et l’opéra furent construits comme un complexe unique sur le Hiltropwall entre 1958 et 1966. L’opéra peut accueillir 1 160 spectateurs sous sa coupole époustouflante.

Adlerturm

Der 30 Meter hohe Adlerturm am Ostwall ist die Rekonstruktion eines Wehrturms aus dem 14. Jahrhundert, errichtet 1992 auf dem historischen Fundament. Er beherbergt ein Museum, das über die mittelalterliche Stadtgeschichte informiert.

The 30 meter high Adlerturm (Eagle Tower) on Ostwall is the reconstruction of a fortified tower from the 14th century, built in 1992 using the historical foundation. It is now home to the city's Medieval history museum.

La Tour Adler, située sur le Ostwall, c'est-à-dire le périphérique Est, fait 30 mètres de haut. C'est la reconstruction d'un beffroi du 14ème siècle. Elle fut édifiée en 1992 sur les fondations historiques et abrite à présent un musée sur l'histoire de la ville au Moyen Age.

Kunst, Kultur und ausgefallene Architektur

Stadt- und Landesbibliothek

Der Schweizer Architekt Mario Botta schuf gegenüber dem Hauptbahnhof das eigenwillige Gebäude für die Stadt- und Landesbibliothek Dortmund, die 1999 eingeweiht wurde.

The Swiss architect Mario Botta created this idiosyncratic building across from the Main Station for Dortmund's city and regional library, which was dedicated in 1999.

C'est l'architecte suisse Mario Botta qui conçut le bâtiment étonnant de la bibliothèque nationale de la ville de Dortmund, inauguré en 1999 en face de la gare centrale.

RWE-Tower

Das im Grundriss linsenförmige Bürogebäude für die RWE wurde 2005 eingeweiht. Mit 91 Metern und 22 Etagen ist es das höchste Haus Dortmunds.

The lenticular-shaped RWE office building had its official opening in 2005. At 91 meters and 22 stories, it is the highest building in Dortmund.

L'immeuble de bureaux du RWE, dont le plan présente une forme convexe, fut inauguré en 2005. Avec ses 91 mètres pour 22 étages, c'est le plus haut gratte-ciel de Dortmund.

Museum für Kunst und Kulturgeschichte

Das beliebte Museum an der Hansastraße hat seine Räume im ehemaligen, 1924 errichteten Sparkassengebäude. Die Sammlung umfasst wertvolle Exponate, aus der Ur- und Frühgeschichte bis in das 20. Jahrhundert.

The most popular museum on Hansastraße is housed by the former savings bank, erected in 1924. The collection includes valuable pieces from pre and early history, up into the 20th century.

Ce musée populaire situé dans la Hansastraße a pris ses quartiers dans un ancien bâtiment de la Sparkasse datant de 1924. La collection comprend des pièces d'exposition précieuses couvrant une large période de la préhistoire au 20ème siècle.

Konzerthaus

Das 2002 eröffnete Dortmunder Konzerthaus verfügt über 1550 Sitzplätze und eine herausragende Akustik.

Opened in 2002, the Dortmund Concert House has over 1550 seats and amazing acoustics.

La Philharmonie de Dortmund, inaugurée en 2002, peut accueillir 1 550 amoureux de la musique. Elle dispose d'une acoustique exceptionnelle.

Am Rande des Osten- und Westenhellwegs

Stadtkirche St. Reinoldi

Mit dem Bau der heutigen Reinoldikirche wurde 1250 begonnen. Nach der Kriegszerstörung wurden 1948 die Grundmauern des Vorgängerbaus aus dem 10. Jahrhundert ausgegraben. 1956 folgte die Wiedereinweihung.

In 1250, building of today's Reinoldi Church began. In 1948, after it was destroyed in the war, the foundation walls of the precursor from the 10th century were dug out. In 1956 it was rededicated.

C'est en 1250 que débuta la construction de l'église connue aujourd'hui sous le nom de Reinoldi. En 1948 les murs de fondation du bâtiment précédent, datant du 10ème siècle, furent exhumés des ruines de la guerre. Il fallut attendre 1956 pour en célébrer la réouverture.

Chorraum

Der von 1421 bis 1450 entstandene große Chorraum zeigt beidseitig ein eindrucksvolles, um 1470 geschaffenes Chorgestühl, das in dieser Stadtkirche dem Rat der Stadt Dortmund vorbehalten war. Mittelpunkt ist der aus Flandern stammende Flügelaltar von 1410 bis 1420.

Built between 1421 and 1450, the large chancel rooms on both sides show impressive woodwork from 1470 that was reserved for Dortmund's city council. Its centerpiece is a winged altar from Flanders from between 1410 to 1420.

La grande enceinte du chœur érigé entre 1421 et 1450 présente de part et d'autre une stalle impressionnante datant de 1470. A l'époque, elle était réservée au Conseil de la municipalité de Dortmund. On notera particulièrement le triptyque flamand réalisé entre 1410 et 1420.

Blick vom Turm

Der Turm von St. Reinoldi lädt zur Besteigung ein. Hier fällt der Blick in Richtung Norden auf die Brückstraße mit dem Konzerthaus.

The tower of St. Reinoldi is an inviting place to climb up into. Here, the view is toward the north, onto Brückstraße with the Concert House.

La Tour de Saint-Reinoldi invite à l'ascension. D'en haut, on admirera la vue en direction du nord sur la Brückstraße et sa philharmonie.

St. Marienkirche

Der ältere Teil der von 1170 bis 1200 erbauten Marienkirche ist spätromanisch. Der gotische Choranbau stammt aus dem 14. Jahrhundert. Nach Bombentreffern im Jahre 1944 war der Wiederaufbau 1957 beendet.

The older part of Marienkirche (St. Mary's Church), built from 1170 to 1200, is late Romantic. The addition of the Gothic choir comes from the 14th century. After bombs hit it in 1944, the reconstruction wasn't finished until 1957.

La partie la plus ancienne de l'église Sainte-Marie, érigée entre 1170 et 1200, est de style art roman tardif. L'annexe gothique du chœur date du 14ème siècle. Après les bombardements de 1944, il fallut attendre 1957 pour voir s'achever la reconstruction.

Marienaltar

Bedeutend ist der um 1420 durch Conrad von Soest geschaffene Marienaltar mit seinen kostbaren Farben. Der Goldgrund mit seinen Verzierungen wirkt wie eine filigrane Goldschmiedearbeit.

The altar, created by Conrad von Soest in 1420, has quite exquisite colors. The gold base with its adornments resemble very delicate goldsmith work.

L'autel de Marie, conçu vers 1420 par Conrad von Soest, est remarquable par la richesse de ses couleurs. Le fond doré et les ornements font l'effet d'un véritable travail d'orfèvre.

Berswordtaltar

Der von einer Dortmunder Patrizierfamilie gestiftete Berswordtaltar entstand um 1385.

The Berswordt Altar, donated by a patrician family in Dortmund, was built in 1385.

L'autel de Berswordt, offert par une famille patricienne originaire de Dortmund, fut construit vers 1385.

Krüger-Passage

Die 1912 entstandene, mit Schmuckelementen reich verzierte Passage am Westenhellweg wurde im Bombenhagel des Zweiten Weltkriegs beschädigt und 1953 in nahezu alter Pracht wieder aufgebaut.

Built in 1912, the passage, richly adorned with decorative elements, was damaged during the hail of bombs in World War II and then in 1953 it was rebuilt nearly to its former glory.

Le passage Krüger, situé dans la rue Westenhellweg, date de 1912. Il est abondamment décoré de pièces d'orfèvrerie. Il fut sévèrement endommagé par les bombardements de la seconde guerre mondiale, mais put être reconstruit en 1953 sans presque rien perdre de sa magnificence passée.

Westenhellweg

Der Westenhellweg ist die Haupteinkaufsmeile mit den höchsten Ladenmieten. Der mittelalterliche Hellweg führte einst vom Rhein über Duisburg, Essen, Bochum, Dortmund und Soest bis zur Weser.

Westenhellweg is the main shopping district with the highest shop rents. The medieval Hellweg once ran from the Rhine over Duisburg, Essen, Bochum, Dortmund and Soest out to the banks of the Weser.

La rue Westenhellweg est la principale artère commerçante. Le loyer des locaux commerciaux compte parmi les plus élevés de la ville. Il fut un temps où la voie Hellweg, datant du Moyen Age, reliait les rives du Rhin et du Weser en traversant Duisbourg, Essen, Bochum, Dortmund et Soest.

Thier-Galerie

Auf dem Gelände der ehemaligen Thier-Brauerei entstand in zweijähriger Bauzeit das Einkaufszentrum Thier-Galerie. Es eröffnete im September 2011 mit etwa 160 Geschäften auf rund 30 000 m^2 Fläche.

After nearly two years of construction on the grounds of the former Thier Brewery, the new shopping center arose, the Thier Galerie. It opened in September 2011 with almost 160 shops and about 30,000 m^2 (323,000 ft2) area.

Il fallut deux ans pour construire le centre commercial Thier-Galerie à l'emplacement de l'ancienne brasserie Thier. La galerie a ouvert ses portes en septembre 2011 et abrite près de 160 magasins sur quelque 30 000 m^2.

St. Johannes Baptist

Die Propsteikirche St. Johannes Baptist war Teil eines 1215 gegründeten Dominikanerklosters. Der Bombenhagel des Zweiten Weltkrieges setzte der Kirche enorm zu. Der Wiederaufbau war erst 1964 abgeschlossen.

The Propst (Provost) St. John the Baptist church was part of a Dominican monastery founded in 1215. The falling bombs of World War II damaged a large portion of the church. Reconstruction wasn't finished until 1964.

L'abbaye Saint-Jean-Baptiste fit partie d'un couvent dominicain fondé en 1215. Les terribles bombardements de la seconde guerre mondiale endommagèrent fortement le bâtiment. Il fallut attendre 1964 pour que la reconstruction soit terminée.

Chorraum

Durch das Mittelschiff fällt der Blick in den Chorraum und auf den Hochaltar im Hintergrund.

Through the nave, the eye automatically falls to the chancel room and at the raised altar in the background.

Depuis la nef centrale, le regard se porte sur le chœur et son maître-autel en arrière-plan.

Hochaltar

Um 1480 schuf Derick Baegert den Hochaltar, von dem nur noch das Retabel erhalten ist. Das linke Flügelbild zeigt die älteste Stadtansicht von Dortmund.

Around 1480, Derick Baegert created the high altar, of which now only the altarpiece remains. The left panel picture shows the oldest city view of Dortmund.

C'est Derick Baegert qui conçut vers 1480 le maître-autel dont il ne reste à présent que le retable. Le battant gauche du triptyque présente la plus ancienne vue de Dortmund.

St.-Petri-Kirche

Beim Verlassen des Hauptbahnhofs fällt der Blick über die Katharinentreppe auf die Kirche St. Petri. Ab Mitte 2012 wird mit Verwaltungshochbauten begonnen, die diesen Blick zukünftig nicht mehr zulassen.

Upon leaving the main train station, the eye can't help but be captured by the Katharinen Steps in front of St. Petri Church. Starting mid 2012, foundations will be laid for administration buildings which will make this view a thing of the past.

Depuis la gare centrale le regard avait coutume de se porter sur l'escalier Katharine menant à l'église Saint-Pierre. Depuis la mi-2012 la vue en est bouchée par des immeubles d'administration en construction.

„Goldenes Wunder von Dortmund“

Die 1322 begonnene St.-Petri-Kirche beherbergt das so genannte „Goldene Wunder von Dortmund“. Der monumentale Schnitzaltar ist ein in der Werkstatt des Antwerpener Meisters Gielesz 1521 geschaffenes Kunstwerk. Es beinhaltet 30 geschnitzte Passionsszenen mit 633 Figuren und 54 Tafelgemälden.

Building began in 1322 of the St. Petri Church, which now houses the so-called “Golden Wonder of Dortmund”. The monumental carved altar is an art piece created in the workshops of the Antwerp master Gielesz in 1521. It includes 30 carved passion scenes with 633 figures and 54 panel paintings.

L’église Saint-Pierre, dont la construction débuta en 1322, abrite le « Miracle doré de Dortmund ». L’autel monumental entièrement sculpté fut réalisé en 1521 par l’artiste anversois Maître Gilles. Il est constitué de 30 scènes de Pâques comportant 633 figures sculptées et 54 peintures sur bois.

Am Alten Markt

Alter Markt

Der Alte Markt ist Dortmunds gute Stube im Freien. Nur die 1502 gegründete Adler-Apotheke überdauerte am Rande des Platzes den Bombenhagel des Zweiten Weltkrieges.

The Old Market is Dortmund's great outdoor sitting room. Only the Adler Apothecary, at the edge of the plaza, survived the bomb attacks in Word War II.

Le vieux marché est la bonne auberge en plein air de Dortmund. Seule la pharmacie Adler, fondée en 1502 aux abords de la place, ne fut pas détruite sous la pluie de bombes de la seconde guerre mondiale.

Bläserbrunnen

Die 1901 entstandene Figur des Bläsers, Entwurf Gerhard Janensch, erinnert auf dem Alten Markt an die Dortmunder Markttradition. Die alte Brunnenschale wurde bei der Neugestaltung nicht wieder verwendet.

The figure of the horn-player, designed in 1901 by Gerhard Janensch, is a reminder of the old market tradition at Old Market. The original fountain pool was not used in the redesign of the fountain.

Sur la place du vieux marché, la statue du joueur de cor créée en 1901 par Gerhard Janensch rappelle la tradition des marchés de Dortmund. L'ancienne vasque de la fontaine fut abandonnée lors de la rénovation.

Apothekenmuseum

Ausbüttels privates Apotheken-Museum liegt in den Tiefkellern unter der Adler-Apotheke am Alten Markt. Fast 5000 mit viel Liebe zusammengetragene Exponate und amüsante Geschichten erwarten den Besucher hier.

Ausbüttel's private apothecary museum is in the deep basements below the Adler Apothecary at Old Market. Almost 5000 pieces were lovingly assembled and each have their amusing stories which will delight visitors.

Le musée de la pharmacie appartient à la famille Ausbüttel. Il a élu domicile dans les sous-sols de la pharmacie Adler sur la place du vieux marché. Le visiteur y trouvera quelque 5 000 pièces d'exposition réunies avec soin ainsi que d'amusantes anecdotes.

Hansaplatz

Der Alte Markt ist mit dem Hansaplatz verbunden. Zum Weihnachtsmarkt wird auf diesem Platz seit 1996 in jedem Jahr die mit 45 Metern Höhe als „größter Weihnachtsbaum der Welt“ bezeichnete Konstruktion aus 1700 Rotfichten errichtet.

The Old Market is connected to Hansa Plaza. Every year since 1996, at the Christmas market on this plaza, the 45 meter high construction, dubbed “tallest Christmas tree in the world” is created out of 1700 red spruce trees.

Le vieux marché est relié à la Hansaplatz. C'est là que tous les ans depuis 1996 se dresse sur le marché de Noël « le plus grand sapin de Noël du monde », une installation de 1 700 épicéas mesurant au total 45 mètres.

Über die Hansastraße zum Friedensplatz

Bergmannsdenkmal

Das Denkmal des Wettersteigers an der Hansastraße entstand 1955/58 nach einem Entwurf von Wilhelm Wulff aus Soest. Als man das Original 1985 an die Voßkuhle versetzte, erhielt die Hansastraße eine Replik.

The monument to the ventilation engineer on Hansastraße was built from 1955-58 from a design by Wilhelm Wulff from Soest. When the original was moved to Voßkuhle in 1985, Hansastraße had to make do with a replica.

Le monument à la mémoire du mineur de fond, situé dans la Hansastraße, date de 1955/58 d'après une ébauche de l'artiste Wilhelm Wulff originaire de Soest. Ce monument est une réplique, l'original ayant été installé en 1985 dans la rue Voßkuhle.

Blick über die City

Viel Grün bietet Dortmund selbst im Stadtkern mit dem Stadtgarten vor dem Rathaus. Über St. Reinoldi geht der Blick in Richtung Nordosten.

Dortmund has a lot of green to offer, even in the heart of the city there's the city garden in front of Town Hall. The view extends over St. Reinoldi off into the north-east.

Dortmund est une métropole verte, même en plein centre-ville, grâce au jardin municipal situé face à l'hôtel de ville. L'église Saint-Reinoldi a vue sur le Nord-Est.

Gauklerbrunnen

Professor Eberhard Linke entwarf 1982 den Gauklerbrunnen für den Stadtgarten. Die quirlige Szenerie der Wasser sprühenden Gauklertruppe ist bei den Dortmundern besonders beliebt.

In 1982 Professor Eberhard Linke designed the Gauklerbrunnen for the city garden. This lively scene of the water-spraying troupe is a Dortmund favorite.

En 1982 le professeur Eberhard Linke créa cette fontaine pour le jardin municipal. La scène luxuriante des bateleurs faisant jaillir l'eau est très prisée par les habitants de Dortmund.

Bierkutscher

1964 von Artur Schulze-Engels entworfen, wurde erst 1979 die Großplastik für den Standort Stadtgarten gegossen. Der Bierkutscher erinnert an die Blütezeit der Dortmunder Brauindustrie.

Designed by Artur Schulze-Engels in 1964, the large sculpture was not poured for the city garden until 1979. The Beer Coachman is a reminder of the blossoming time of the brewing industry in Dortmund.

Cette grande sculpture en bronze datant de 1964 et conçue par Artur Schulze-Engels ne fut coulée qu'en 1979 pour le jardin municipal. Le brasseur célèbre l'apogée de l'indutrie brassicole de Dortmund.

Bürgerhalle

Die Bürgerhalle ist ein beliebter Ort für Empfänge, Konzerte und Ausstellungen. Die große Glaskuppel spendet, ergänzt durch acht Kronleuchter, viel Tageslicht.

The Municipal Hall is a popular spot for events, concerts and exhibits. The large glass dome combined with the eight chandeliers, affords much sunlight.

La Bürgerhalle est un haut-lieu de réceptions, de concerts et d'expositions. La grande coupole en verre dispense une abondante lumière naturelle, complétée par huit lustres.

Berswordthalle

Zwischen dem 1893 bis 1899 im Stil der Neorenaissance errichteten alten Stadthaus und dem neuen Stadthaus wurde 2002 die Berswordt-Halle als elegante gläserne Verbindung errichtet.

Built between the Neo-Renaissance-style City Hall, built from 1893 to 1899, and the new City Hall, lies Berswordt Hall, which was built in 2002 as an elegant glass connector.

La Berswordt-Halle à l'architecture de verre date de 2002. Elle relie avec élégance l'ancienne maison communale, construite entre 1893 et 1899 dans le style néo-renaissance, et la maison communale actuelle.

Friedensplatz

Der Friedensplatz wird begrenzt durch das Rathaus, das Stadthaus, den Stadtgarten und eine Zeile von Geschäftshäusern. Den Mittelpunkt bildet die 1989 von der Bildhauerin Susanne Wehland gestaltete Friedenssäule.

Friedensplatz is surrounded by the Rathaus, the Stadthaus, the City Garden and a row of office buildings. The middle point is made up of the Friedenssäule (Peace Pillar) designed in 1989 by the sculptor Susanne Wehland.

La Friedensplatz est ceinte par l'hôtel de ville, la maison communale, le jardin municipal ainsi qu'une rangée d'immeubles de bureaux. Au milieu de la place se dresse la colonne de la paix conçue en 1989 par la sculptrice Susanne Wehland.

Die Kleppingstraße

Europabrunnen

Aus der Kleppingstraße, der einstigen Hauptverkehrsader, wurde ein Boulevard mit zahlreichen Straßencafés. Nach dem Entwurf von Joachim Schmettau entstand hier 1989 aus Granit und Bronze der Europabrunnen.

Kleppingstraße, which used to be the main artery through Dortmund, has become a boulevard with numerous street cafés. In 1989 the granite and bronze Europa Fountain was built on this spot; the design is by Joachim Schmettau.

La Kleppingstraße, qui fut jadis l'artère commerçante principale de la ville, est à présent un boulevard accueillant de nombreuses terrasses de cafés. On y trouve la fontaine Europe, monument en granit et bronze créé en 1989 par l'artiste Joachim Schmettau.

Pylon

Der markante stählerne Pylon an der Kleppingstraße mit seiner Glaseindeckung überdacht den von 1988 bis 1992 gebauten Kreuzungspunkt mehrerer U-Bahnlinien an der Reinoldikirche.

The striking steel Pylon, built from 1988 to 1992 on Kleppingstraße, with its glass roof, offers a cover for the intersection point of many U-Bahn lines at Reinoldi Church.

Le pylône en acier de la Kleppingstraße est remarquable par sa toiture en verre. Il recouvre le croisement aménagé entre 1988 et 1992 de plusieurs lignes de métro desservant l'église Reinoldi.

Nördlich des Hauptbahnhofs

CineStar

Das 1997 gebaute Großkino „CineStar“ mit 14 Kinosälen und 3702 Plätzen belebt den Bereich nördlich des Hauptbahnhofs merklich.

Built in 1997, the “CineStar” multiplex, with 14 theaters and 3702 seats, noticeably livens up the area north of the Hauptbahnhof.

Le complexe de cinéma « CineStar » implanté en 1997 possède 14 salles pouvant accueillir un total de 3 702 spectateurs. C’est l’une des attractions majeures au nord de la gare centrale.

Steinwache

In authentischen Räumen und Zellen des ehemaligen Gestapogefängnisses Steinwache erinnert eine ständige Ausstellung an die Gräueltaten der Nationalsozialisten. Daneben hat das 1949 gegründete Auslandsinstitut, das sich für internationalen Dialog und Völkerverständigung einsetzt, sein Domizil.

In authentic rooms and cells of the former Gestapo prison Steinwache, there is a constant reminder of the heinous deeds of the National Socialist party. Next door is the Foreign Institute, founded in 1949, which campaigns for international dialog and understanding among nations.

Située à un endroit historique, la Steinwache commémore les atrocités du national-socialisme dans d’authentiques cellules et salles de l’ancienne prison de la Gestapo. En 1949 l’Institut des affaires étrangères - l’Auslandsinstitut – qui œuvre pour le dialogue international et la compréhension entre les peuples, s’est installé à côté.

Ausflug zur Wiege der Borussen und zur Stahlgeschichte

Borsigplatz

Der 1895 angelegte Platz ist nach dem Mitbegründer der einst unweit gelegenen Maschinenfabrik Deutschland, August Albrecht Borsig (1829–1878), benannt. In der Nähe wurde 1909 der Ballspielverein Borussia (BVB) gegründet. Bei besonderen Anlässen kehren die Fans zur Wiege der Borussia zurück.

The plaza, constructed in 1895, is named after the co-founder of the once not too distant machine factory "Deutschland", August Albrecht Borsig (1829–1878). Nearby, in 1909, the soccer club Borussia (BVB) was founded. On special occasions, the fans come back to the birthplace of Borussia.

La place aménagée en 1895 porte le nom d'August Albrecht Borsig (1829 - 1878), cofondateur de l'usine mécanique qui jadis se trouvait à deux pas. C'est aussi dans les parages que fut créé en 1909 le club de football de Dortmund BVB. Lors d'occasions spéciales, les fans se retrouvent ici, dans le berceau du Borussia.

Hoesch-Hauptverwaltung

Das Gebäude der ehemaligen Hoesch-Hauptverwaltung an der Eberhardstraße wurde von 1912 bis 1914 errichtet und 1937 erweitert.

The former Hoesch headquarters building on Eberhardstraße was built between 1912 and 1913 and expanded in 1937.

Le bâtiment de l'ancienne administration générale de Hoesch, situé dans la Eberhardstraße, fut construit entre 1912 et 1914 et agrandit en 1937.

Hoesch-Museum

Das Museum, 2005 im ehemaligen Portierhaus eröffnet, veranschaulicht beeindruckend die Geschichte des Stahlwerks Hoesch von der Gründung bis zur Schließung.

The museum, opened in 2005 in the former porter's house, does an impressive job of visualizing the history of the Hoesch steel works, from its founding till its ultimate closing.

Le musée fut inauguré en 2005 dans l'ancienne maison du concierge. Il présente une impressionnante histoire de l'aciérie de Hoesch, depuis sa fondation jusqu'à sa fermeture.

Am größten Kanalhafen Europas

Altes Hafenamt

Das Alte Hafenamt wurde 1898 im Stil der Neorenaissance nach den Plänen das Architekten Friedrich Kullrich erbaut. 1899 weihte Kaiser Wilhelm II. den Hafen ein, der heute über zehn Hafenbecken verfügt.

The old Port Authority was built in 1898 in a Neo-Renaissance style from designs by the architect Friedrich Kullrich. In 1899 Kaiser Wilhelm II inaugurated the harbor and today it has over ten harbor basins at its disposal.

L'ancien bureau du port fut construit en 1898 dans le style néo-renaissance d'après les plans de l'architecte Friedrich Kullrich. Un an plus tard, l'Empereur Guillaume II inaugura ce port qui compte aujourd'hui dix bassins portuaires.

Ausflugsschiff Santa Monika

Im größten Kanalhafen Europas starten die beiden Fahrgastschiffe Santa Monika I und II zu Fahrten auf dem Dortmund-Ems-Kanal. Bis zu 250 Personen haben auf dem größeren Schiff Platz.

In the largest canal port of Europe, both of the cruise ships, Santa Monika I and II start on their trips along the Dortmund-Ems Canal. Up to 250 people can fit on the ample ship.

Les deux bâteaux de plaisance Santa Monika I et II appareillent du plus important port de canal d'Europe pour des croisières sur l'axe Dortmund-Ems. 250 passagers peuvent naviguer sur le plus grand des deux navires.

Museum für Naturkunde

1912 entstand in der Stadt das erste Naturkundemuseum. Das heutige Gebäude eröffnete 1980 am Fredenbaum. Neben Exponaten aus Biologie und Geologie, aus heimischer Flora und Fauna, beherbergt das Museum zahlreiche Fossilien und ein Schaubergwerk.

In 1912 the city's Museum of Natural History was created. The current building opened in 1980 on Fredenbaum. Besides exhibits on biology and geology, on native plants and animals, the museum also houses quite a few fossils and a mine tour.

C'est en 1912 que fut créé à Dortmund le premier musée d'histoire naturelle. Le bâtiment actuel fut inauguré en 1980 près du parc Fredenbaum. Le musée est consacré à la biologie et à la géologie grâce à de nombreuses pièces d'exposition issues de la flore et de la faune locales, et possède également de nombreux fossiles ainsi qu'une ancienne mine complétant la visite.

Fredenbaum-Park

Als grüne Lunge der Nordstadt gilt der Fredenbaumpark in Hafennähe, der vor rund 100 Jahren aus dem Stadtwald Westerholz hervorging. Über 63 Hektar erstreckt sich die mit Teichen durchsetzte Parkfläche.

Near the harbor, Fredenbaum Park is the green lung of the North City. It arose out of city forest Westerholz about 100 years ago. Over 64 hectare s(158 acres) stretch along the pond strewn park area.

Non loin du port, le parc Fredenbaum est considéré comme le poumon du nord de la ville. Il fut aménagé il y a près d'un siècle à l'endroit de la forêt municipale Westerholz. Le parc s'étend sur 63 hectares et possède également quelques étangs.

Industrierelikte, Kirchen und Adelssitze am Stadtrand

Haus Wenge

Die Ursprünge des Hauses Wenge in Lanstrop liegen im 13. Jahrhundert. Grund- und Umfassungsmauern aus dieser Zeit sind teilweise erhalten. Der heutige Bau mit seinen gotischen Formen stammt aus dem 16. Jahrhundert.

The origins of Haus Wenge in Lanstrop go back to the 13th century. Foundation and outer walls are mostly intact from that era. Today's building with its Gothic forms were added in the 16th century.

La demeure Wenge, située dans le quartier de Lanstrop, date du 13ème siècle. Les murs historiques de fondation et d'enceinte sont en partie conservés. Le bâtiment actuel de style gothique date du 16ème siècle.

Lanstroper Ei

Die 60 Meter hohe, weithin sichtbare Landmarke „Lanstroper Ei", ist ein Wasserturm, der 1904/05 von der Dortmunder Firma August Klönne erbaut wurde. Der Turm diente bis 1980 zur Wasserversorgung der umliegenden Orte.

The 60 meter high structure, viewable from far and wide, the "Lanstrop Egg" is a water tower, built by Dortmund's August Klönne company in 1904/05. The tower served as a water supply for the surrounding areas until 1980.

Le « Lanstroper Ei », d'une hauteur de 60 mètres, attire le regard de loin. Il s'agit d'un château d'eau construit en 1904/05 par l'entreprise de Dortmund August Klönne. Il servit jusqu'en 1980 pour l'approvisionnement en eau de la région.

Zeche Minister Stein

Wegen seiner Form wird das Fördergerüst der 1987 stillgelegten Zeche Minister Stein in Eving „Hammerkopfturm" genannt. Darunter entstand die „Neue Evinger Mitte" mit Büro- und Geschäftsbauten.

Because of its shape, the front framework of the Minister Stein Mine in Eving is called "Hammer Head Tower". It was closed in 1987. Below it, the "Neue Evinger Mitte" (New Eving Center) emerged, with its office and shop buildings.

La forme particulière du chevalement de la mine Minister Stein lui valut le surnom de « Tour à la tête de marteau ». La mine, située dans le quartier d'Eving, fut fermée en 1987. A présent, des commerces et des immeubles de bureaux ont pris place sous la tour. L'endroit est connu sous le nom de « Neue Evinger Mitte » - le nouveau centre d'Eving.

Alte Kolonie

In der 1898 bis 1900 entstandenen „Alten Kolonie Eving“ errichtete man 1903 das Wohlfahrtsgebäude. Darin waren die sozialen Einrichtungen der Zeche konzentriert: von der Badeeinrichtung über den Kindergarten bis zur Bibliothek.

In the “Alte Kolonie Eving”, which was established between 1898 and 1900, the public relief office was built in 1903. Inside of it, all the social facilities of the mine were concentrated: from bathrooms to pre-school to library.

En 1903 fut construit un bâtiment dans « l’ancienne colonie Eving », érigée entre 1898 et 1900, pour servir de bureau de bienfaisance. Il abritait les aménagements sociaux de la mine : de la salle d’eau au jardin d’enfant en passant par la bibliothèque.

St. Urbanus-Kirche Huckarde

Die Kirche St. Urbanus wurde 1272 erstmals als Marienkirche erwähnt. Aus dieser Zeit sind nur das Langhaus, der Turm und eine Glocke erhalten. 1897 bis 1899 wurde der Chor aus dem 15. Jahrhundert für einen neuromanischen Bau abgebrochen.

St. Urbanus was mentioned for the first time in 1272 as St. Mary’s Church. The only thing surviving from that time are the nave, the tower and one bell. From 1897 to 1899 the 15th century chancel was broken off to make way for a Neo-Romantic construction.

C’est en 1272 que l’on trouve pour la première fois mention de l’église Saint-Urbain sous le nom de Marienkirche, l’église de Marie. Seules la longue nef, la tour et une cloche de l’époque ont survécu. Le chœur datant du 15ème siècle fut détruit entre 1897 et 1899 pour faire place à une construction de style néo-roman.

Kokerei Hansa

Die Großkokerei Hansa wurde 1928 in Betrieb genommen und hatte bis zu 1000 Beschäftigte. Die Stilllegung erfolgte 1992. 1995 wurde sie als erste Kokerei in Deutschland unter Denkmalschutz gestellt.

The large-scale coke plant, Hansa, was put online in 1928 and had up to 1000 employees. It was closed in 1992. In 1995 it was taken under historical protection as Germany's first coke plant.

La grande cokerie Hansa fut mise en activité en 1928. Elle pouvait employer jusqu'à 1 000 ouvriers et fut fermée en 1992. En 1995 elle fut la première cokerie allemande à être classée monument historique.

Malakowturm

Der unter Denkmalschutz stehende Malakowturm der Zeche Westhausen wurde 1873 errichtet. 1955 kam es zur Stilllegung der Zeche.

Declared a monument today, the Malakow Tower from Westhausen Mine was built in 1873. In 1955 the mine was closed.

C'est sur la mine Westhausen que fut érigée en 1873 la tour Malakow, classée à présent au patrimoine historique. L'exploitation de la mine fut abandonnée en 1955.

Schloss Bodelschwingh

Um 1300 errichtete Ritter Giselbert von Speke, genannt Bodelschwingh, das gleichnamige Wasserschloss auf Pfählen. Es steht unter Denkmalschutz und befindet sich heute noch in Privatbesitz.

Around 1300, Sir Giselbert von Speke, called Bodelschwingh, built the eponymous water palace on stilts. It is today an historical monument and is still under private ownership.

Le chevalier Giselbert von Speke, surnommé Bodelschwingh, fit ériger vers 1300 un château éponyme sur pilotis. Le bâtiment, qui reste une propriété privée, est classé monument historique.

Zechengebäude Adolf von Hansemann

Der erste Schacht der Zeche Adolf von Hansemann in Mengede wurde 1873 abgeteuft. 1967 erfolgte die Stilllegung. Heute befindet sich in dem restaurierten, schlossähnlichen Baudenkmal ein Ausbildungszentrum der Handwerkskammer Dortmund. Im Torhaus wird ein kleines Bergbaumuseum betrieben.

The first shaft of the Adolf von Hansemann mine in Mengede was sunk in 1873. In 1967 it was closed. Today, in the restored, palace-like historical building, the Chamber of Commerce has a training center. In the gate house is a little mining museum.

Le premier puits de la mine Adolf von Hansemann fut creusé en 1873 dans le quartier de Mengede. La mine fut fermée en 1967. A présent, un centre de formation appartenant à la Chambre des métiers de Dortmund a élu domicile dans l'ancien monument restauré dont la prestance est digne d'un château. Un petit musée du charbonnage se trouve dans le châtelet.

Wasserschloss Dellwig

Das Wasserschloss Haus Dellwig in Lütgendortmund wurde im 12. Jahrhundert erstmals erwähnt. Seit 1988 betreibt der örtliche Heimatverein darin ein beachtenswertes Museum zur Ortsgeschichte.

The water palace from the line of Dellwig in Lügendortmund was first mentioned in the 12th century. Since 1988, the local history association operates an impressive museum for town history.

C'est au 12ème siècle qu'est mentionné pour la première fois le château Dellwig situé dans le quartier de Lütgendortmund. En 1988 l'association locale de défense du patrimoine culturel y a installé un remarquable musée d'histoire locale.

Westfälisches Industriemuseum Zeche Zollern II/IV

Die Gelsenkirchener Bergwerks AG errichtete zwischen 1898 und 1904 die Zeche Zollern II/IV als Prestigeobjekt. Nach ihrer Stilllegung 1966 erlangte sie 1981 als erster Industriebau Deutschlands Denkmalstatus. Heute ist sie Industriemuseum des Landschaftsverbandes Westfalen-Lippe.

The Gelsenkirchener Bergwerks AG (Mining Company) built the Zollern Mine II/Iv between 1898 and 1904 as a prestige object. After it was closed in 1966, in 1981 it was the first industrial building in Germany to receive historically protected status. Today it is an industry museum operated by the Westphalia-Lippe rural society.

Entre 1898 et 1904 la société Gelsenkirchener Bergwerks AG réussit à élever la mine Zollern II/IV au rang d'objet de prestige. Après sa fermeture en 1966 elle fut la première construction industrielle en Allemagne à obtenir en 1981 le statut de monument historique. Elle abrite à présent le musée de l'industrie du groupement de communes Westfalen-Lippe.

Revierpark Wischlingen und Hallerey

Hallerey

In den 1970er Jahren wurden im Ruhrgebiet mehrere Revierparks angelegt. Der Revierpark Wischlingen grenzt an das Naturschutzgebiet Hallerey.

In the 1970s in the Ruhr area many recreational parks (Revierpark) were built. The Wischlingen Recreational Park borders on the Hallerey nature protection area.

Dans les années 1970 plusieurs parcs et aires de loisir furent aménagés dans le bassin de la Ruhr. Le parc Wischlingen avoisine la réserve naturelle Hallerey.

Kapelle

Die Kapelle des ehemaligen Rittergutes Haus Wischlingen wurde 1783 errichtet. Sie ist der einzige in Fachwerk errichtete Sakralbau in Dortmund.

The chapel of the former manor of house Wischlingen was built in 1783. It is the only sacred building in Dortmund constructed in the timber framed style.

La chapelle de l'ancien domaine seigneurial de la demeure de Wischlingen date de 1783. C'est le seul édifice religieux à colombages à Dortmund.

Ein Juwel in Marten

Immanuel-Kirche

Die evangelische Immanuel-Kirche in Marten wurde 1908 erbaut. Der im Jugendstil aufwändig gestaltete Innenraum ist eine besondere Sehenswürdigkeit, die mit hellen Farben und fantasievollem Dekor das Auge erfreut.

The protestant Immanuel Church in Marten was built in 1908. The interior is designed in complex Jugendstil and is really worth seeing. Its bright colors and fanciful décor are a delight to the eyes.

L'église évangélique Emmanuel, située dans le quartier de Marten, date de 1908. Son luxueux intérieur Art-nouveau, ses couleurs claires et son décor inventif sont un véritable régal pour les yeux.

Auf dem Uni-Campus

H-Bahn

Die H-Bahn nahm am 2. Mai 1984 als erste vollautomatisch gesteuerte Großkabinenbahn in Deutschland ihren Betrieb auf. Sie befördert im Bereich der TU Dortmund täglich mehr als 5000 Fahrgäste.

The H-Bahn, made its maiden run on May 2, 1984, as the first fully automatic large cabin train in Germany. Every day it takes over 5000 guest around the TU Dortmund.

Le H-Bahn, premier monorail suspendu d'Allemagne opéré automatiquement sans conducteur, fut inauguré le 2 mai 1984. Il accueille chaque jour plus de 5 000 passagers sur le campus de l'Université Technique de Dortmund.

Technische Universität

Am 16.12.1968 eröffnete Bundespräsident Heinrich Lübke die Universität Dortmund. Die Einrichtung wurde am 1.11.2007 in „Technische Universität Dortmund" umbenannt. 27 000 Menschen studieren hier in 16 Fakultäten.

On December 16, 1968, Federal President Heinrich Lübke opened the University of Dortmund. The facility was renamed "Technische Universität Dortmund" on November 1, 2007. 27,000 students attend here across 16 faculties.

Le président de la République fédérale d'Allemagne Heinrich Lübke inaugura l'Université de Dortmund le 16 décembre 1968. Le 1er janvier 2007 elle fut baptisée « Université Technique de Dortmund ». 27 000 étudiants sont inscrits dans les 16 facultés.

Mensa

Die 2005 renovierte Mensa auf dem Campus Nord.

The cafeteria on the north campus, which was renovated in 2005.

Le restaurant universitaire rénové en 2005 sur le campus Nord.

Bibliothek

Die Universitätsbibliothek verfügt über fast zwei Millionen Medien.

The university library has access to over two million media.

La bibliothèque universitaire possède un fonds de plus de deux millions de médias.

Viele Wege führen zur Westfalenhalle und zum Stadion

Schnettkerbrücke

Kurz hinter dem Übergang der A40 in die B1, der wichtigsten Verkehrsverbindung durch das Ruhrgebiet, überspannt die Schnettkerbrücke mit 328 Metern das Emschertal.

Just after the A40 turns into the B1, which is the most important transportation corridor through the Ruhr region, the Schnettker Bridge spans 328 meters over the Emscher Valley.

Le pont Schnettker se trouve près de l'échangeur de l'autoroute A40 avec la route nationale B1, principale artère du bassin de la Ruhr. Il mesure 328 mètres et enjambe la vallée de l'Emscher.

Westfalenhalle

Die erste Westfalenhalle entstand 1925 als Holzkonstruktion und wurde am 23. Mai 1944 von Bomben zerstört. Die neue Halle wurde aus Beton und heimischem Stahl errichtet. Bundespräsident Heuss eröffnete sie 1952. Bis zu 14 500 Zuschauer finden in dem Oval Platz.

The first Hall of Westphalia was a wood construction built in 1925 and destroyed by bombs on May 23, 1944. The new hall was erected using concrete and native steel. Federal President Heuss opened it in 1952. The oval can hold up to 14,500 curious spectators.

La première arène en bois Westfalenhalle date de 1925 et fut détruite par les bombardements du 23 mai 1944. Le nouveau palais des congrès fut construit en béton et en acier de la région. Le président de la République fédérale d'Allemagne Theodor Heuss l'inaugura en 1952. Le bâtiment de forme ovale peut accueillir 14 500 spectateurs.

Signal Iduna Park

Das Westfalenstadion, seit 2005 in „Signal Iduna Park" umbenannt, fasst nach der dritten Ausbaustufe 83000 Zuschauer. Schon aus der Ferne fallen die gelben Stahlpylone, die die kühne Dachkonstruktion tragen, ins Auge.
Der 1909 gegründete Ballspielverein Borussia (BVB 09) wurde 2012 als Deutscher Meister und DFB-Pokalsieger in seiner Heimatstadt euphorisch gefeiert.

Westphalia Stadium, renamed "Signal Iduna Park" in 2005, after three expansion stages can seat up to 83,000 visitors. The yellow steel pylons carrying the roof construction really stand out, viewable from a great distance. Founded in 1909, the Borussia ball club (BVB 09) celebrated winning the German masters championship in their hometown in 2012.

Depuis sa troisième phase d'extension, le stade Westfalen rebaptisé en 2005 « Signal Iduna Park » a une capacité de 83 000 places. Les pylônes jaunes en acier soutenant l'audacieuse charpente du toit attirent le regard de loin.
C'est là que le club de foot BV 09 Borussia Dortmund, fondé en 1909, a remporté en 2012 la Coupe d'Allemagne lors de la finale à domicile, déclenchant la liesse des supporters.

Borussia

Westfalen AG
SIGNAL IDUNA PARK

Dortmunds schönster Garten

Im Drehcafé des Fernsehturms

Den spektakulärsten Blick über die Stadt und ihr grünes Umfeld beschert das Café, das sich in 137 Metern Höhe um den Turmschaft dreht.

The most spectacular view of the city and its green surroundings is bestowed upon the café, which slowly spins around the tower shaft at a height of137 meters.

Le café tournant installé à 137 mètres en haut de la Tour de télévision offre une vue spectaculaire sur la ville et la nature environnante.

Fernsehturm

Der liebevoll "Florian" genannte Fernsehturm ist offiziell ein Fernmeldeturm. Er entstand anlässlich der Bundesgartenschau 1959.

Florian, the television tower, is actually a telecommunication tower. It was erected on the occasion of the Bundesgartenschau in 1959.

« Florian », la tour de télévision, est à dire vrai une tour de télécummunication.

Westfalenpark

Der Westfalenpark ist die beliebteste Grünanlage der Dortmunder. Die erste Bundesgartenschau eröffnete dort am 30. April 1959. Der Blick fällt auf die unter Denkmalschutz stehenden Hochöfen in Hörde.

Westphalia Park is the most popular green space for the Dortmunders. The first national garden show opened here on April 30, 1959. The view also falls upon the Hörde furnaces, which are now an historical landmark.

Le parc Westfalen est l'espace vert préféré des habitants de Dortmund. C'est ici que fut organisée le 30 avril 1959 la première exposition horticole dans la République fédérale d'Allemagne. Le parc offre une belle vue sur les hauts-fournaux du quartier de Hoerde classés monuments historiques.

Im Süden und Südwesten

Hombrucher Marktplatz

Hombruch ist flächen- und bevölkerungsmäßig der größte Dortmunder Stadtbezirk. Ein gepflegtes Wohnumfeld und ausgedehnte Landwirtschafts- und Grünflächen prägen den Stadtteil.

Space-wise and population-wise, Hombruch is the largest district in Dortmund. A well-groomed living area and extensive agricultural and green spaces make their mark on this part of the city.

Hombruch est le quartier le plus étendu et le plus peuplé de Dortmund. C'est une zone résidentielle de qualité possédant de vastes espaces verts et surfaces agricoles.

Großholthausen

Rund um Dortmund gibt es noch zahlreiche große Bauernhöfe. Größtenteils wurden Ackerbau und Viehzucht aufgegeben und die Betriebe, besonders im Dortmunder Süden, in Reiterhöfe umgewandelt.

In the area around Dortmund there are still quite a few big farms. Most of the agriculture and livestock pursuits were abandoned and the operations were changed into equestrian estates.

Aux environs de Dortmund on trouve encore un grand nombre de vastes exploitations agricoles. La culture et l'élevage de bétail furent en majorité abandonnés au profit de manèges équestres, notamment au sud de Dortmund.

Patroklus-Kirche

Von 1789 bis 1807 entstand der heutige Nachfolgebau der vermutlich um 964 errichteten ersten Patroklus-Kirche. Die wegen der Form ihrer Turmhaube „Klein-Reinoldi“ genannte Kirche in Kirchhhörde ist umgeben von historischen Grabsteinen.

Today's replacement building was erected from 1789 to 1807, where the original was probably built in 964. Called "Little Reinoldi" because of the shape of its cupola, the church in Kirchhörde is surrounded by historical grave markers.

Le bâtiment actuel de l'église Patroklus, qui fut vraisemblablement construite aux alentours de 964, fut érigé entre 1789 et 1807. L'église surnommée « Petite Reinoldi », en raison de la forme de calotte de son clocher, se trouve dans le quartier de Kirchhörde. Elle est entourée de pierres tombales historiques.

Mahnmal in der Bittermark

1960 ließ die Stadt Dortmund ein Mahnmal im Bittermärker Wald errichten. Es erinnert eindringlich an die durch die Dortmunder Gestapo ermordeten Widerstandskämpfer.

In 1960 Dortmund built a memorial in the Bittermark forest. It is a terrifying reminder of the resistance fighters murdered by the Dortmund Gestapo.

En 1960 la municipalité fit ériger dans la forêt de Bittermark un monument à la mémoire des résistants assassinés par la Gestapo de Dortmund.

Torhaus Romberg

Der Initiative von Dr. Ing. Fritz Helmut Sonnenschein, damals Leiter der Technischen Abteilung des Dortmunder Hochbauamtes, ist es zu verdanken, dass das Torhaus des Schlosses Romberg in Brünninghausen nach dem Krieg nicht abgebrochen wurde. Heute ist es eines der schönsten Renaissancedenkmäler der Stadt.

At the time head of the technical division of the Dortmund structural engineering administration, Dr. Fritz Helmut Sonnenschein' initiative can be thanked for the fact that the gatehouse of the Romberg Palace in Brünninghausen was not removed after the war.

C'est grâce à l'initiative du Dr. Ing. Fritz Helmut Sonnenschein, ancien directeur du service technique de l'office des bâtiments de Dortmund, que le châtelet du château de Romberg à Brünninghausen fut conservé après la guerre. Il compte aujourd'hui parmi les plus beaux monuments de style renaissance de la ville.

Rombergpark

Ab 1818 begann die Familie von Romberg mit der Anlage eines im englischen Stil angelegten Parks. 1926 erwarb die Stadt Dortmund das Gelände, das heute als Botanischer Garten Rombergpark zu den schönsten Dortmunder Parkanlagen zählt.

Since 1818 the von Romberg family began to set up a park in English style. In 1926 the city bought the grounds where today's botanical garden Romberg Park was built; one of the most beautiful park grounds in Dortmund.

La famille de Romberg commença dès 1818 à aménager un parc dans le style anglais. En 1926 la ville de Dortmund fit l'acquisition du domaine et le transforma en jardin botanique, lequel compte à présent parmi les plus beaux espaces verts de Dortmund.

Zoo

Der Dortmunder Zoo hieß anfangs „Tierpark“. 1951 begann man unter Gartenbaudirektor Konrad Glocker mit der ersten Anlage. Heute umfasst das Gelände 28 Hektar. Der Zoo ist weltweit führend in der Zucht von Ameisenbären.

The Dortmund Zoo was at first called “Animal Park”. In 1951, under the horticulture director Konrad Glocker, the first compound was built. Today, the grounds cover 28 hectares (69 acres). The zoo is the worldwide foremost expert on anteater breeding.

A l’origine le zoo de Dortmund s’appelait « Tierpark », soit parc animalier. C’est en 1951 qu’en débuta l’aménagement sous la direction du chef horticole Konrad Glocker. Aujourd’hui le jardin zoologique s’étend sur 28 hectares. Il est l’un des zoos de premier plan au monde en ce qui concerne l’élevage de tamanoirs.

Beispielhafter Strukturwandel in Hörde

Hüttenmann

1953 schuf die Künstlerin Friedel Dornberg die Skulptur „Hüttenmann“. Vom Standort Neuer Markt in Hörde wurde die Figur erst an die Dortmunder Katharinentreppe und dann in den Westfalenpark versetzt. Eine private Initiative erreichte 2009 die Rückversetzung in die Nähe der Hochöfen.

In 1953 the artist Friedel Dornberg created the sculpture called “Hüttenmann” (foundry man). Moved from Neuer Markt in Hörde, the figure was then placed at the Katharinen Steps in Dortmund and then in Westphalia Park. A private initiative reached the goal of getting it back to near the furnaces in 2009.

En 1953 l’artiste Friedel Dornberg réalisa la sculpture « Hüttenmann » – le métallurgiste. Installée à l’origine dans le quartier de Hoerde sur le nouveau marché, la sculpture fut ensuite placée sur les escaliers Katharine puis dans le parc Westfalen. En 2009 une initiative privée réussit à rapatrier le métallurgiste près des hauts-fourneaux.

Sky-Walk

Vom Sky-Walk, einem auf einer Gasleitung errichteten Laufsteg, bietet sich ein Blick auf die Phoenix-Halle, das Schalthaus 101 und die drei Hörder Kirchen. Das Schalthaus, ab 1897 errichtet, gilt als besonderes Zeugnis der Industriearchitektur des frühen 19. Jahrhunderts.

From Sky Walk, a gangway built along a gas pipe, one can see Phoenix Hall, Schalthaus 101 and the three churches in Hörde. The building, erected beginning in 1897, can be considered a special testament to the industrial architects of the early 19th century.

Le Sky-Walk, passerelle amenagée sur un gazoduc, surplombe la Phoenix-Halle, le Schalthaus 101 ainsi que les trois églises du quartier de Hoerde. Sa construction débuta en 1897 et témoigne de l’architecture industrielle de la fin du 19ème siècle.

Hochöfen

Blick auf die Hochofenanlage und die Konrad-Adenauer-Allee. Das Hörder Hochofenwerk begann seine Roheisenproduktion mit dem ersten Abstich am 23. Februar 1854. 1998 kam es zur Stilllegung des letzten Ofens. Die heute noch erhaltenen Anlagen stehen unter Denkmalschutz.

View of the historically protected furnace facilities and Konrad Adenauer Allee. The Hörde furnace works began their raw iron production on February 23, 1854. In 1998 the last of the furnaces were shut down. The facilities still standing today are an historical monument.

Vue sur les hauts-fourneaux classés monuments historiques et sur la Konrad-Adenauer-Allee. C'est le 23 février 1854 que l'usine de Hoerde réalisa la première coulée de fonte. L'année 1998 vit la fermeture du dernier haut-fourneau. Les installations ayant survécu au passage du temps sont classées au patrimoine historique.

Schlackenbahnbrücke

Die Brücke für die Schlackenbahn entstand um 1890. Sie wurde allein für die Entsorgung der Schlacke errichtet und überspannte einst die Bahnstrecke vom Bahnhof Dortmund-Süd nach Hagen. Heute sind die erhaltenen Widerlager Bestandteil des Phoenix-Parks.

The bridge for the slag train was built in 1890. It was built just for the disposal of slag and once crossed the distance between Dortmund South station and Hagen. Today the surviving abutments have become a part of Phoenix Park.

Le pont fut construit vers 1890 dans le but d'acheminer le mâchefer afin de l'éliminer. Il enjambait la voie ferrée de la gare de Dortmund-Süd vers Hagen. Les culées du pont encore conservées font aujourd'hui partie intégrante du parc Phoenix.

Schlanke Mathilde

Der Uhrenkandelaber in der Ortsmitte von Hörde wird „Schlanke Mathilde“ genannt. Umgeben ist die Mathilde von repräsentativen Bauten aus der Gründerzeit. Die 1983 errichtete heutige Uhr ist eine Nachbildung des 1908 aufgestellten Originals.

The clock candelabra in the town center of Hörde is called “Schlanke Mathilde” (Skinny Matilda). Surrounding Mathilde are prestigious buildings from the Gründerzeit. Today’s clock, built in 1983, is a replica of the original from 1908.

L’horloge candelabre située dans le centre du quartier de Hoerde est surnommée « Schlanke Mathilde » – la svelte Mathilde. Elle est entourée de bâtiments représentatifs de l’époque Gründerzeit. L’horloge actuelle, installée en 1983, est une reproduction de l’originale datant de 1908.

Blick vom Kaiserberg

Mit dem Aushub für den Phoenix-See wurde ein großer Aussichtshügel, Kaiserberg genannt, aufgeschüttet. Der Blick fällt über den See auf die Hörder Stadtansicht und den Fernsehturm.

The waste from Phoenix Lake became a large hill with a view, Kaiserberg. The view crosses the lake to the Hörde cityscape and the TV tower.

L’excavation du lac Phoenix permit de remblayer une grande colline panoramique, baptisée Kaiserberg. La colline surplombe le lac et offre une belle vue sur Hoerde et la Tour de télévision.

Hörder Burg

Die Hörder Burg birgt im Innern noch Teile der alten Bausubstanz aus dem 12. und 14. Jahrhundert. Nach den Herren von Hörde wohnte hier Graf Konrad von der Mark. 1840 kaufte Hermann Dietrich Piepenstock die Burg und baute sie zum Verwaltungssitz für sein Eisenwerk aus.

The Hörde Castle still hides some parts of the original building from the 12th and 14th century. After the lineage of Hörde, Count Konrad von der Mark lived here. In 1840 Hermann Dietrich Piepenstock bought the castle and expanded it for use as his administrative headquarters.

Le château fort de Hoerde abrite encore des pans de l'ancien bâti datant des 12ème et 14ème siècles. Succédant aux seigneurs de Hoerde, c'est ici que vécut le comte Konrad von der Mark. En 1840 Hermann Dietrich Piepenstock fit l'acquisition du château et le transforma en siège administratif de son usine sidérurgique.

Archäologische Grabung

Archäologen legten von 2007 bis 2008 Reste der alten Hörder Burg frei, die durch Bürgerinitiative als eine Art Freilichtmuseum erhalten werden konnten. Links der renaturierte Hörder Bach, die Burg, die Tull-Villa und dahinter das ehemalige Magazin.

From 2007 to 2008 archeologists exposed remainders of the Hörde Castle, which may be preserved as an outdoor museum. Left is the renatured Hörde Bach (Hörde Brook), the Castle, the Tull Villa and, behind it, the former depot.

Entre 2007 et 2008 des archéologues trouvèrent des vestiges de l'ancien château fort de Hoerde. Grâce à une initiative citoyenne ces vestiges purent être conservés pour se transformer en une sorte de musée en plein air. A gauche, le ruisseau de Hoerde renaturé, le château fort et la villa Tull avec en arrière-plan l'ancien entrepôt.

Thomas-Birne

Seit Juni 2010 ist der Konverter, „Thomas-Birne“ genannt, auf der Kulturinsel im Phoenix-See ein beliebtes Fotoobjekt. Die Birne wurde 1954 im Hörder Werk gebaut und war bis 1964 im Einsatz. In ihr wurde aus flüssigem Roheisen Rohstahl erzeugt.

Called a “Thomas Birne” (Thomas’ Pear) in German, the Bessemer Converter has since June 2010 been a favorite photo object. The pear was built in 1954 in the Hörde works and was used until 1964. Inside of it, liquid raw iron was converted into raw steel.

Depuis juin 2010 le convertisseur baptisé « Thomas-Birne » – la poire de Thomas – situé sur l’île de la culture du lac Phoenix, est devenu un modèle très prisé des photographes. Le convertisseur fut conçu en 1954 dans l’usine de Hoerde et servit jusqu’en 1964. Il était utilisé pour la fabrication de l’acier brut à partir de fonte liquide.

Flüsterbrücke

Am Ende des Sees erinnern zwei stählerne Halbschalen an die letzte Produktionsstätte für so genannte Klöpperböden. Die Schalen übertragen drahtlos Schallwellen.

At the end of the lake two steel half-bowls are a reminder of the last production facility for so-called Klöpperböden (knock-base). The bowls transfer sound waves without any wire.

A l’extrémité du lac, deux demi-coques en acier célèbrent le dernier site de production des fonds torosphériques. Les demi-coques diffuse le son sans fil.

Phoenix-See

Das spektakulärste Projekt in Dortmund ist zweifellos der Phoenix-See. Wo bis 2001 Stahl geschmolzen und verarbeitet wurde, baute man die Industrieanlagen ab, baggerte den Boden aus und legte einen 24 Hektar großen naturnahen See an.

The most spectacular project in Dortmund is unquestionably Phoenix Lake. Where steel was still being melted and processed until 2001, the industrial facilities were all removed, the ground was dug out and a 24 hectare (59 acre) lake was created.

Le projet le plus spectaculaire de Dortmund est sans l'ombre d'un doute le lac Phoenix. A l'endroit même où jusqu'en 2001 l'acier était coulé et traité, on abattit les usines, le sol fut excavé et un lac de 24 hectares fut aménagé à l'aspect plus vrai que nature.

Syburger Golfplatz

Dortmund hat mehrere Golfplätze. Der älteste liegt zwischen Reichsmark und Hohensyburg in besonders reizvoller Umgebung.

Dortmund has many golf courses. The oldest is between Reichsmark and Hohensyburg in this particularly attractive area.

Dortmund possède plusieurs terrains de golf. Le plus ancien est situé entre Reichsmark et Hohensyburg dans un environnement particulièrement attrayant.

Ausflugsziel Hohensyburg

Zusammenfluss von Ruhr und Lenne

Unterhalb der Hohensyburg mündet die Lenne in die Ruhr. Beide Flüsse bilden den Hengsteysee. 1929 war der durch den Ruhrverband angelegte Stausee fertig gestellt.

Below Hohensyburg the Lenne joins the Ruhr. Both rivers make up Lake Hengstey. In 1929 the reservoir, set up by the Ruhr Association, was finished.

La rivière Lenne se jette dans la Ruhr au sud de Hohensyburg pour former le lac de Hengstey. C'est en 1929 que fut inauguré le lac de barrage aménagé par la société publique de gestion des eaux Ruhrverband.

Burgruine und Vincketurm

Vermutlich um 1100 wurde die Syburger Turmburg erbaut. Nach Teilzerstörung 1287 und Wiederaufbau wurde sie im 16. Jahrhundert wohl endgültig aufgegeben und verfiel seitdem. Der nach dem Freiherrn von Vincke benannte 20 Meter hohe Aussichtsturm wurde 1857 gebaut.

Presumably around 1100 the Syburg tower castle was built. After partial destruction in 1287 and reconstruction, in the 16th century it was ultimately given up on and has since deteriorated. The 20 meter high watch tower, named after Baron von Vincke, was built in 1857.

On suppose que c'est vers l'an 1100 que le fort de Syburg fut érigé. Après une destruction partielle en 1287, suivie d'une reconstruction, il fut complètement abandonné au 16ème siècle et tombe en ruine depuis. La tour panoramique datant de 1857 mesure 20 mètres et porte le nom du baron von Vincke.

Spielbank Hohensyburg

Wo die Dortmunder nach dem Krieg eigentlich einen Kurort errichten wollten, entstand innerhalb des geschützten Bodendenkmals „Sächsische Wallburg" letztlich eine Spielbank. Große Eröffnung war am 28. Juni 1985 mit Stargast Sammy Davis Junior.

Where Dortmund actually wanted to build a spa town after the war, the inside of the historically protected monument "Saxon Wallburg" finally became a casino. The big opening was on June 28, 1985 with guest star Sammy Davis Junior.

Après la guerre les habitants de Dortmund aspiraient à installer une station thermale sur le site archéologique protégé « fortifications saxonnes ». C'est finalement un casino qui s'installa. L'inauguration eut lieu en grande pompe le 28 juin 1985 avec Sammy Davis Junior comme invité d'honneur.

Kaiser-Wilhelm-Denkmal

Das ursprüngliche Denkmal konnte 1901 eingeweiht werden. Die Nationalsozialisten entfernten 1935 mehrere Figuren und gaben dem Denkmal sein heutiges Aussehen.

The original monument was dedicated in 1901. The National Socialists removed many figures in 1935 and gave the monument its current appearance.

Le monument original fut inauguré en 1901. En 1935 les nazis enlevèrent plusieurs statuettes, donnant au monument son aspect actuel.

Kirche St. Peter

Um 1100 entstand die heutige Kirche St. Peter in Syburg. Der bis zum Bombenangriff 1945 erhaltene Charakter einer Wehrkirche ging beim Wiederaufbau verloren. Auf dem Friedhof stehen 190 Grabsteine, teils aus karolingischer Zeit.

In or around 1100, today's St. Peter's Church was built in Syburg. It's previous character, as a fortress church disappeared completely when it was rebuilt. In the graveyard are 190 stones, some from the Carolingian dynasty.

C'est vers 1100 que fut érigée l'actuelle église Saint-Pierre dans le quartier de Syburg. Son statut d'église fortifiée ayant résisté aux bombardements de 1945 fut abandonné lors de la reconstruction. Le cimetière abrite 190 pierres tombales, certaines datant de l'époque carolingienne.

Historisches in Aplerbeck

Wasserschloss Rodenberg

1290 wird das Haus Rodenberg erstmals erwähnt. Im 17. Jahrhundert erfolgte der Umbau in ein barockes Wasserschloss. 1985 kaufte die Stadt Dortmund Haus und Hof Rodenberg. Nach umfangreicher Restaurierung zählt Haus Rodenberg heute zu Dortmunds schönsten Adelssitzen.

The Rodenberg House was first mentioned in 1290. In the 17th century it was converted into a Baroque water palace. In 1985 Dortmund bought the house and estate of Rodenberg. After extensive restoration, Haus Rodenberg today counts as one of Dortmund's most attractive royal estates.

C'est en 1290 que la demeure Rodenberg est mentionnée pour la première fois. Elle fut transformée en château baroque sur pilotis au 17ème siècle. En 1985 la ville de Dortmund fit l'acquisition de la demeure et du domaine de Rodenberg. Grâce à d'importants travaux de rénovation, la demeure Rodenberg compte à présent parmi les plus beaux sièges aristocratiques de Dortmund.

Evangelische Kirche St. Georg

Die um 1160 erbaute romanische Kreuzbasilika wurde im 17. Jahrhundert im gotischen Stil überbaut. Nach einem Blitzschlag 1888 verfiel sie und sollte abgebrochen werden. 1926 zunächst als „Michelsbau“ wieder aufgebaut, begann 1963 die Wiederherstellung als Georgskirche. Sie ist die älteste Basilika Dortmunds.

Originally a Romantic cross basilica built in 1160, it was then built over top of in the Gothic style in the 17th century. After lightning struck in 1888, it had deteriorated and was supposed to be removed. In 1926, first rebuilt as "Michelsbau" (St. Michael's), in 1963 the renewal as St. Georg's Church began. It is the oldest basilica in Dortmund.

Cette basilique romane à transept, érigée vers 1160, fut transformée au 17ème siècle dans le style gothique. Après avoir reçu la foudre en 1888 elle tomba en ruine et était vouée à la démolition. Mais elle fut reconstruite en 1926, tout d'abord sous le nom de « édifice de Michel ». Puis en 1963 débuta la restauration sous le nom d'église Saint-Georges. C'est la plus ancienne basilique de Dortmund.

Amtshaus mit Marktplatz

Aplerbeck wird 899 erstmals urkundlich erwähnt. Das Amtshaus erbaute Amtsbaumeister Wilhelm Stricker von 1906 bis 1907 als Rathaus.

Aplerbeck was first mentioned in official documents in 899. The district offices were built as a town hall by district architect Wilhelm Stricker from 1906 to 1907.

C'est en 899 que le quartier d'Aplerbeck est mentionné pour la première fois dans des documents officiels. La résidence officielle fut construite entre 1906 et 1907 par le maître d'œuvre Wilhelm Stricker pour servir d'hôtel de ville.

Weitere Bücher aus dem Wartberg Verlag für Ihre Region

Ein Herz so rein
Ein Dortmund-Krimi
C. Füssmann
ca. 272 Seiten,
978-3-8313-2051-6

Dortmund gestern und heute
U. Steinmetz und V. Frank
64 Seiten, Großformat,
zahlr. Farb- und S/w-Fotos
978-3-8313-1675-5

Hörde Querbeet
Von Brockhaus, Pappenheim, Möppkenbraut und Striepmaus
Willi Garth
80 Seiten, zahl. S/w-Fotos
978-3-8313-1970-1

Brockhaus, Löns und Muckfuck
Geschichten und Anekdoten
aus Dortmund
Willi Garth
80 Seiten, ca 25 S/w-Fotos
978-3-8313-2147-6

Wir Kinder der 40er und 50er Jahre
Aufgewachsen in Dortmund
Willi Garth
64 Seiten mit vielen Fotos
978-3-8313-1831-5

Wir Kinder der 60er und 70er Jahre
Aufgewachsen in Dortmund
Oliver Volmerich
64 Seiten mit vielen Fotos
978-3-8313-1832-2

Wartberg Verlag GmbH & Co. KG – Bücher für Deutschlands Städte und Regionen

Im Wiesental 1 · 34281 Gudensberg-Gleichen · Telefon (0 56 03) 9 30 50 · Fax (0 56 03) 93 05 28 · www.wartberg-verlag.de